Impressum
Verlag: BABADADA GmbH, Nedderfeld 112 , 22529 Hamburg
Geschäftsführer / Verlagsleitung: Harald Hof
Druck: Books on Demand GmbH, In de Tarpen 42, 22848 Norderstedt

Imprint
Publisher: BABADADA GmbH, Nedderfeld 112 , 22529 Hamburg, Germany
Managing Director / Publishing direction: Harald Hof
Print: Books on Demand GmbH, In de Tarpen 42, 22848 Norderstedt

escola

دبستان

classe
dividir
پارکرن
186/2
tauler
تەختە
pati (de l'escola)
professor
مامۆستە
paper
کاخەز
escriure
نڤیساندن
estilogràfica
escriptori
regle
راستەک
llibre
پرتووک
estudiant

bossa
....
چەوال

estoig
....
قووتی نڤیستۆک

llapis
....
قەلەمرساس

maquineta de fer punta
....
نڤیستۆک تووژکر

goma
....
ژێبر

bloc de dibuix
....
نڤیسکا نیگارێ

2

dibuix

نیگار

pinzell

فرچەیا رەنگێ

capsa de pintures

قووتی رەنگ

tisores

مەقەس

cola

لەزاق

quadern d'exercicis

پرتووکا فێربوون

deures

وەزیفا مالێ

nombre

هەژمار

afegir

زێدەکرن

sostreure

دەرخستن

multiplicar

زێدەکرن

calcular

هەسباندن

lletra

تیپ

alfabet

ئالفابە

mot

پەیڤ

text
نقیسێ

llegir
خواندن

guix
گەچ

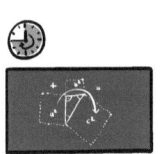

lliçó
دەرس

llibre de classe
قەیدکرن

examen
ئیمتیهان

certificat
شەهادە

uniforme escolar
کنجا دبستانێ

formació
پەروەردەهی

enciclopèdia
زانستنامە

universitat
زانینگە

microscopi
میکرۆسکووپ

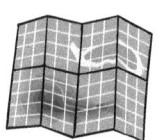

mapa
خەریتە

paperera
سەبەتا کاخەزێ

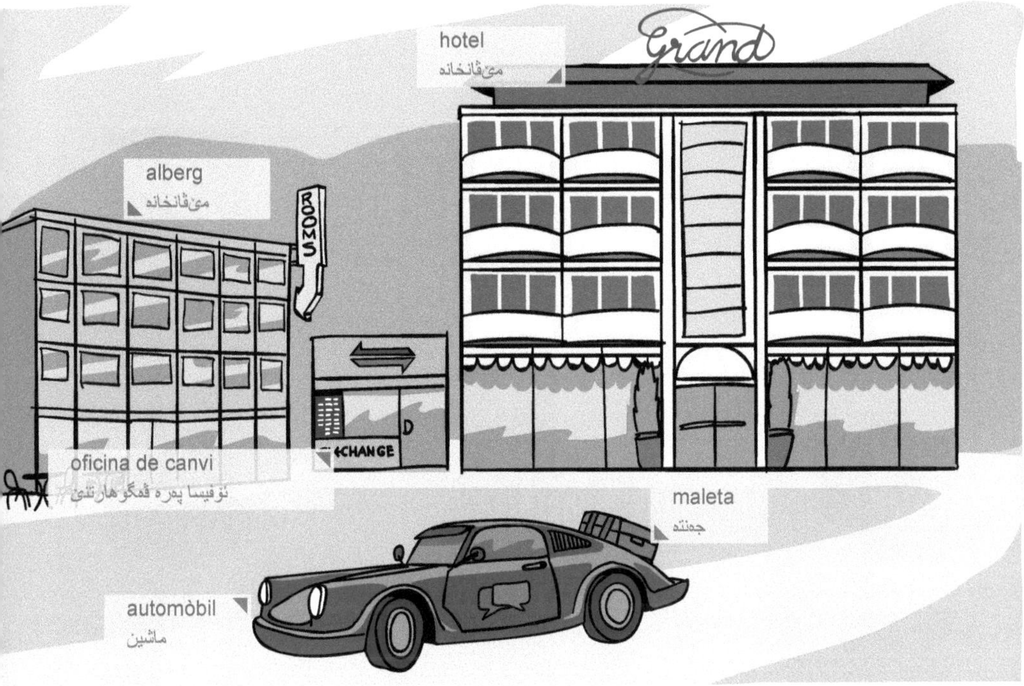

hotel
مێڤانخانە
alberg
مێڤانخانە
oficina de canvi
ئۆفیسا پەرە ڤەگوهارتنێ
maleta
جەنتە
automòbil
ماشین

llengua

زمان

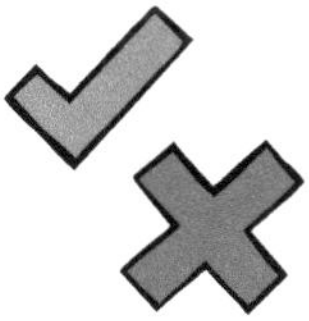

sí / no

بەلێ / نا

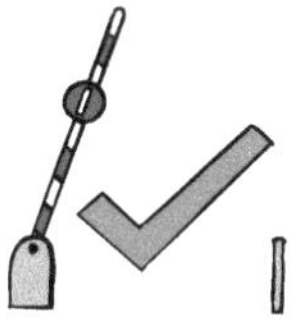

D'acord

باش

Ey!

سلاڤ

traductora

وەرگێرا نڤیسکی

gràcies

سپاس

Quant costa... ?

بهایێ ... چ قاسه؟

No entenc

ئەز فام ناکم

problema

ئاریشه

Bona nit!

ئێڤارباش!

bon dia!

سپێدی باش!

bona nit!

شەڤ باش!

fins aviat

خاترێ ته

direcció

ئالی

bagatge

هوورموور

bossa

چەنته

sarrona

چەنته پشت

convidat

مێڤان

cambra

ئۆده

sac de dormir

جامه خەو

tenda

چادر

oficina de turisme
....
ئاگاگیێن گەرۆکان

platja
....
رەخێ ئاڤێ

carta de crèdit
....
کارتێ قەرزێ

esmorzar
....
تاشتێ

dinar
....
فراڤین

sopar
....
شیڤ

bitllet
....
کارت

ascensor
....
ئاسانسۆر

segell
....
پوول

frontera
....
تخووب

duana
....
گومرک

ambaixada
....
بالیۆزخانه

visat
....
ڤیزا

passaport
....
پاساپۆرت

transport
گوهازتن

vol
vaixell
گەمی
automòbil dels bombers
camió
کامیۆن
bus
ئۆتۆبووس
llanxa de motor
پاپۆرا ماتۆرێ
bicicleta
دوچەرخە
automòbil
ماشین

transbordador

پاپۆر

barca

پاپۆر

moto

مۆتۆرسیکلێت

automòbil de policia

ترمبێلا پۆلیسێ

automòbil de curses

ترمبێلا پێشبازیێ

automòbil de lloguer

عەرەبە کرێکرنێ

vehicle compartit
....
ماشین پەرڤەکرن

grua
....
کامیۆنا کشاندنێ

camió de les escombraries
....
کامیۆنا خوەلی

motor
....
مۆتۆرسیکلێت

benzina
....
مازۆت

benzineria
....
ئیستەگەها بەنزینێ

senyal de trànsit
....
تابلۆیا ترافیکێ

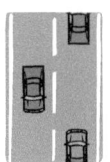

trànsit
....
هاتنووچوون

embús
....
ترافیک

aparcament
....
جهێ پارکێ

estació de trens
....
راوەستەگا ترێنێ

vies
....
رێچ

tren
....
ترێن

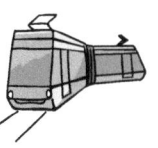

tramvia
....
ترێنێ کۆلانێ

vagó
....
ئەرەبە

helicòpter

بابرۆک

aeroport

بالافرگەه

torre

برج

passatger

مسافر

contenidor

قووتی

capsa de cartó

قووتی

carretó

گرگرۆک

cistella

سەلک

enlairar-se / aterrar

رابوون / نیشتن

ciutat

باژار

poble

گوند

centre de la ciutat

ناڤەندا باژاری

casa

خانی

cinema
anunci
ڕێکلام
CINEMA
fanal
چرایی ڕێی
carrer
ڕێ، کۆلان
taxista
تاکسی
quiosc
دکان
pedestre
پەیا
vorera
پەیاری
pas de zebra
ڕێیا دەربازبوونێ
alleda d'escombraries
قوو
encreuament
ڕێیا دەربازبوونێ
semàfor
چرایێن ترافیکێ

cabana

کۆخ

apartament

خانی

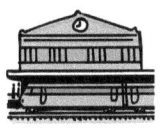

estació de trens

راوەستەکا ترێنێ

casa de la vila-ciutat

تەلارا شارەڤانی

museu

مووزەخانە

escola

دبستان

universitat

زانینگە

banca

بانک

hospital

نەخۆشخانە

hotel

مێڤانخانە

farmàcia

دەرمانخانە

oficina

ئۆفیس

llibreria

کتێبفرۆشی

botiga

دکان

floristeria

گولفرۆش

supermercat

بازار

mercat

بازار

gran magatzem

سوپەرمارکەت

peixateria

ماسیفرۆش

centre comercial

ناڤەندا کڕین

port

بەندەر

parc

....

پارک

banc

....

سەکوو

pont

....

پر

escala

....

دەرنجە

metro

....

ژێر ئەردێ

túnel

....

توننەل

parada d'autobús

....

ئیستگەها ئۆتۆبووس

bar

....

بار

restaurant

....

خوارنگەه

bústia de correu

....

سندووقا پۆستێ

senyal indicador

....

نیشاندەرکا رێیێ

parquímetre

....

مەترا پارکینگێ

zoo

....

باخچا هەیوانان

piscina

....

هەوزا مەلەڤانی

mesquita

....

مزگەفت

granja

جۆتگەه

pol·lució

لەوتاندنا دەردۆر

cementiri

گۆرستان

església

کەنیسە

parc infantil

ئەردێ لەیستنێ

temple

پەرستگەه

paisatge

تەبیەت

fulla
گەلا
cartell indicador
نیشانەرکا رێ
camí
prat
pedra
arbre
دار
excursionista
riu
چەم
gespa
گیا
flor
کولیلک

14 paisatge - تەبیەت

vall

دۆل

muntanya

گر

llac

گۆل

bosc

دارستان

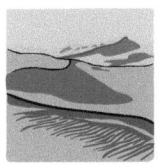

desert

بەیابان

volcà

ڤۆلکان

castell

کەلەه

arc de Sant Martí

کەسکەسۆر

bolet

کڤارک

palmera

دارقەسپ

moscard

مخمخک

mosca

مێش

formiga

مێری

abella

هنگ

aranya

پیرێ

escarabat
....
کێزک

granota
....
بەق

esquirol
....
سهۆر

eriçó
....
ژیژۆک

llebre
....
کەرگوه

òliba
....
پەپووک

ocell
....
چڤیک

cigne
....
قوو

senglar
....
بەرازێ کۆڤی

cervo
....
پەزکۆڤی

ant
....
پەزکۆڤی

presa
....
بەنداڤ

turbina
....
توور بینا با

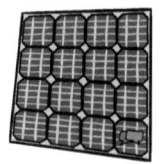

panell solar
....
پانەلا خۆرێ

clima
....
ئاڤ و هەوا

restaurant
خوارنگەه

cambrer
بەرکار
menú
cadira
کورسی
sopa
شۆربە
pizza
پیزا
coberts
چەتەل و چەمچک
tovalla
سفرە

primer plat

خوارنا دەستپێک

plat principal

خوارنا سەرەکی

darreries

شیرانی

begudes

ڤەخوارنان

menjar

خوارن

ampolla

جام

menjar ràpid

خوارنا لەز

menjar de carrer

خوارنا رێیێ

tetera

چایدانک

sucrer

قووتی شەکرێ

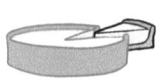

porció

بەش

màquina d'espresso

مەکینا چێکرنێ ئەسپرەسسۆ

trona

کورسیا بلیند

factura

هەساب

plata

سێنی

ganivet

کێر

forqueta

چەتەل

cullera

کەڤچی

cullereta

کەڤچیا چای

tovalló

پێشگر

got

قەدەه

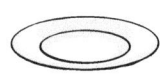

plat

تەیفک

plat de sopa

تەیفکا شۆربە

plateret

پیالە

salsa

چێنج

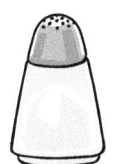

saler

خوێدانک

molinet de pebre

قووتی بیبار

vinagre

سێک

oli

روون

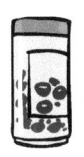

espècies

بهارات

quètxup

کەتچاپ

mostassa

موستارد

maionesa

مایۆنێز

supermercat

بازار

oferta especial
پێشکێشێن تایبەت
client
productes lactis
fruites
carret de la compra

carnisseria

قەسابی

forn de pa

دکانا نانپێژ

pesar

وەزن کرن

verdures

سەبزە

carn

گۆشت

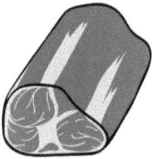

menjar congelat

خوارنێ جەمەدی

carn freda

....

گۆشتێ سار

conserves

....

خوارنا پیلێ

detergent en pols

....

خوبارێ پاقژکرنێ

dolços

....

شرینی

articles domèstics

....

بەرهەمێن ناڤخوەیی

productes de neteja

....

بەرهەمێن پاقژکرنێ

venedora

....

فرۆشیار

caixa registradora

....

خەزنۆک

caixera

....

دراڤگر

llista de la compra

....

لیستا کڕینێ

horari d'obertura

....

دەمێن ڤەکری

portamonedes

....

جزدان

carta de crèdit

....

کارتێ قەرزێ

bossa

....

چەوال

bossa de plàstic

....

چەنتە

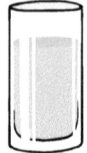

begudes

ڤەخوارنان

aigua

ئاڤ

suc

شەربەت

llet

شیر

coca-cola

کۆمر

vi

شەراب

cervesa

بیرا

alcohol

ئالکول

cacau

کاکۆ

te

چای

cafè

قەهوە

espresso

ئەسپرەسسۆ

cappuccino

کاپۆچینۆ

banana

مۆز

poma

سێف

taronja

پرتەقالی

síndria

گوندۆر

llimona

لیمۆن

pastanaga

گێزەر

all

سیر

bambú

قامر

ceba

پیڤاز

bolet

قارچک

avellanes

گەویز

fideus

شهیره

espaguetis

سپاگێتتی

arròs

برنج

amanida

سەلەتە

patates fregides

چیپس

patates fregides

پەتەتەیا براشتی

pizza

پیزا

hamburguesa

هامبورگەر

entrepà

نانۆک

escalopa

گۆشتێ ستوویێ بەرخی

cuixot

گۆشتێ هشککری

salami

سالامێ

salsitxa

سۆسیس

pollastre

مریشک

rostit

بژارتن

peix

ماسی

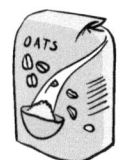

flocs de civada

شۆربە بلوول

musli

مووسلی

cereals

کەرتێن گلگلان

farina

ئارد

croissant

جرۆسسانت

panet

سەموون

pa

نان

torrada

تۆست

bescuits

نانک

mantega

نڤیشک

mató

ماست

pastís

کولیچە

ou

هێک

ou fregit

هێکا قەلاندی

formatge

پەنیر

gelat

....

دۆندرمە

sucre

....

شەکر

mel

....

هنگڤ

melmelada

....

مرەبا

crema de xocolata

....

خامەیا نۆوگات

curri

....

کوری

granja
خانیا چەولگا
bala de palla
تەپکا پووشێ
graner
کادین
camp
زەڤی
cavall
هەسپ
remolc
کاروان
tractor
تراکتور
poltre
جانی
ase
ovella
بەران
xai
بەرخ

cabra

بزن

vaca

چێلەک

vedella

گۆلک

porc

بەراز

garrí

خنزیرک

bou

بۆخە

oca

قاز

ànec

مراڤی

poll

جووچک

gall

مریشک

gallina

کەلەشێر

rata

جرج

gat

کتک

ratolí

مشک

bou

گا

gos

کووچک

gossera

خانیا کووچکێ

mànega de regar

خانی باخێ

regadora

قووتیکا ئاڤدانێ

dalla

شالووک

arada

گاسن

falç

داس

aixada

مەربێڕ

forca

دارساپیک

destral

بڤر

carretó

دەستگەرە

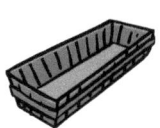

abeurador

قووتی خوارنا جانداران

lletera

قووتی شیر

sac

توور

tanca

چەپەر

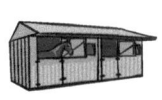

establa

ناخور

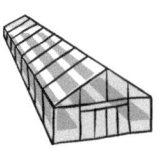

hivernacle

خانا کولیلکان

sòl

ئاخ

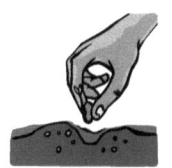

llavor

دەندک

adob

پەین

collidora

کۆمباین

collir

زاد

collita

زاد

nyam

پەتەتە

blat

گەنم

soja

فاسۆلی

patata

پەتەتە

blat de moro o d'indi

دەخل

colza

دندک

arbre fruiter

دارێ فێکی

mandioca

سێڤێ بن ئەردی

cereals

زاد

casa
خانی

fumera
teulada
بانی
canaló
finestra
پاجە
garatge
گاراژ
campana
زەنگلێ دەری
porta
دەری
galleda de les escombraries
bústia de correu
قوتیيا پۆستێ
jardí
باخچە

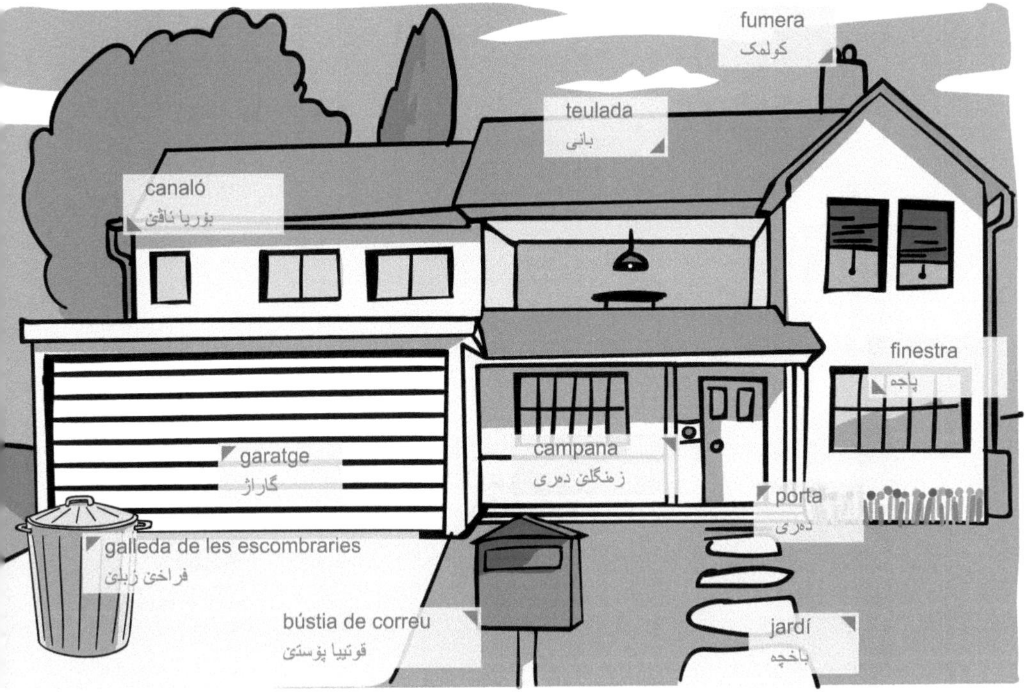

sala d'estar

ئۆدا روونشتنێ

bany

هەمام

cuina

مەتبەخ

cambra de dormir

ئۆدا خەوێ

cambra de nen

ئۆدەیا زارۆک

menjador

ئۆدا شیڤێ

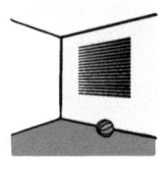

sòl

بنی

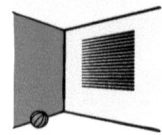

paret

دیوار

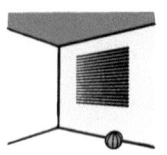

sostre

بەربان

soterrani

خەنزک

sauna

ساونا

balcó

بالکۆن

terrassa

بەردانک

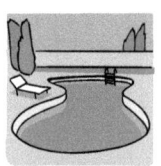

piscina

هەوزا مەلەڤانی

tallagespa

چیمەن بڕ

vànova

مەلهەفە

cobrellit

بەتانی

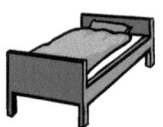

llit

نڤین

escombra

گەزک

galleda

ساتل

interruptor

کلیل

sala d'estar

ئۆدا روونشتنێ

paper de paret
quadre
وێنە
làmpada
لامپا
prestatge
رەف
armari
دۆلاب
televisor
تەلەفیسیۆن
escalfapanxes
ئاگردان
flor
coixí
سەرین
sofà
قەنەپە
gerro
گولدانک
telecomanda
کۆنترۆلا دوور

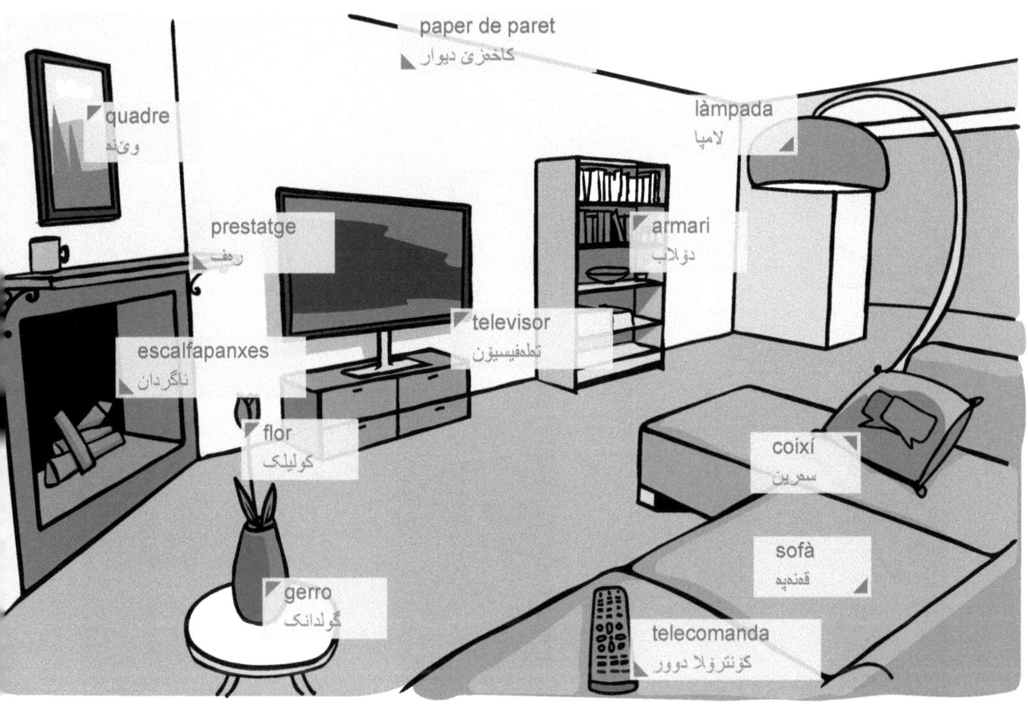

catifa

خالیچە

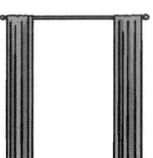

cortina

پەردە

taula

مێز

cadira

کورسی

cadira gronxadora

کورسیا هەژانۆک

cadiral

کورسی

llibre

پرتووک

llençol

بەتانی

decoració

خەملاندن

llenya

ئێزنگ

film

فیلم

cadena de música

هـ-ف

clau

کلیل

diari

ڕۆژنامە

pintura

نیگار

cartell

پۆستەر

ràdio

ڕادیۆ

bloc de notes

دەفتەر

aspiradora

سڤنکا ئەلەکتریکی

cactus

کاکتووس

candela

مۆم

cuina

مەتبەخ

refrigerador
microones
مایکرۆڤەیف
balança de cuina
تەرازیا مەتبەخێ
torradora
نامورا نان گەرمکرنێ
detergent per a plats
پاگژکەر
forn
سۆبە
congelador
سارکەر
galleda de les escombraries
فراخێ زبلێ
rentaplats
فراقشۆک

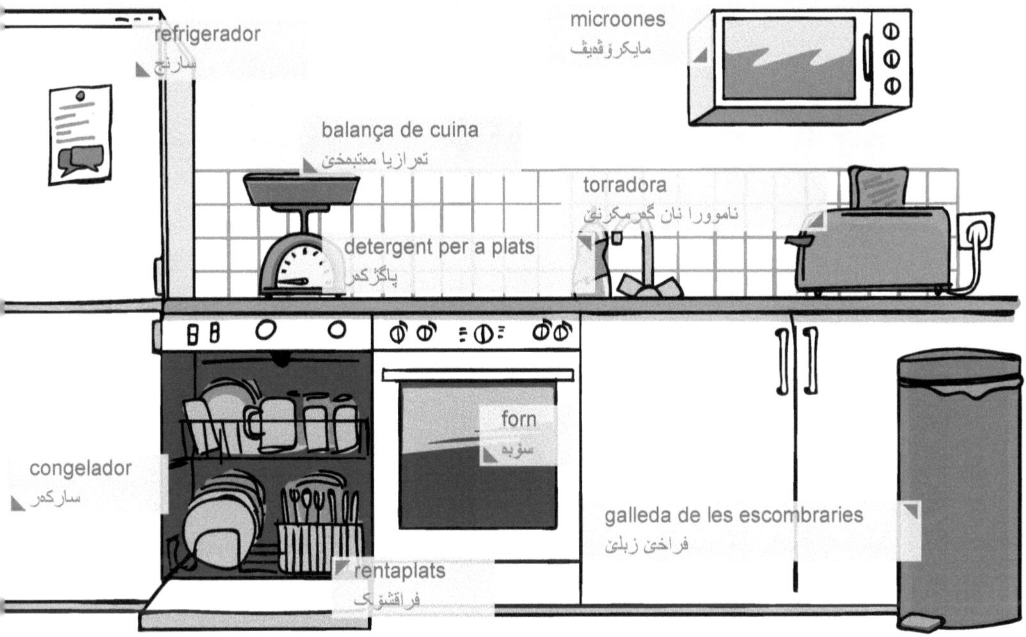

cuina de fogons
....
سۆبە

olla
....
نامان

olla de ferro colat
....
نامای ئوتوو

wok / karahi
....
فراقێ مەزن

paella
....
دیزک

bullidor
....
کەلینک

olla de vapor

فراقێ هلمێ

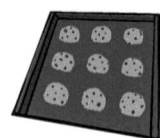

plata de forn

سێنی نانێ

vaixella

فراق

tassa grossa

پیالە

bol

کاسک

bastonets xinesos

دارێ نانخوارن

culler

هەسک

espàtula

کەڤچیا مەزن

batedor

رینەک

colador

کەفگیر

sedàs

بێژنگ

ratllador

رێشکەر

morter

دەستار

barbacoa

براشتن

foc a terra

ئاگرێ ڤالا

taula de tallar

....

تەختەیا بڕینێ

corró

....

دارکێ تیرێ

llevataps

....

دەڤک بادەک

pot de conserva

....

قووتی

obridor

....

قووتیڤەکر

agafador

....

جاوێ ئامانان

aigüera

....

دەستشۆ

raspall

....

فرچە

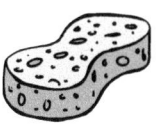

esponja

....

پارازۆا

batedora

....

تەڤدێر

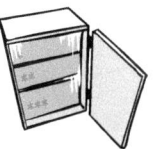

congelador

....

سارکەرێ جەمەدی

biberó

....

شووشە بەبکان

aixeta

....

هەنەفی

bany

هەمام

calefacció
گەرمژانک
tovallola
خاولی
dutxa
دووش
cortina de dutxa
پەردەیا هەمامێ
bany de bombollles
کەفێ هەمام
banyera
هەوزا هەمام
rentadora
جلشۆک
rajoles
ئاجوور
got
aixeta
هەنەفی
orinal
توالەتا زارۆکان
aigüera
دەستشۆ

lavabo

....

توالەت

lavabo turc

....

توالەتا ئەردێ

bidet

....

توالەت

orinador

....

ئاڤدەستخانا مێران

paper higiènic

....

کاخەزا توالەت

escombreta de sanitari

....

فرشەیا توالەت

38 bany - هەمام

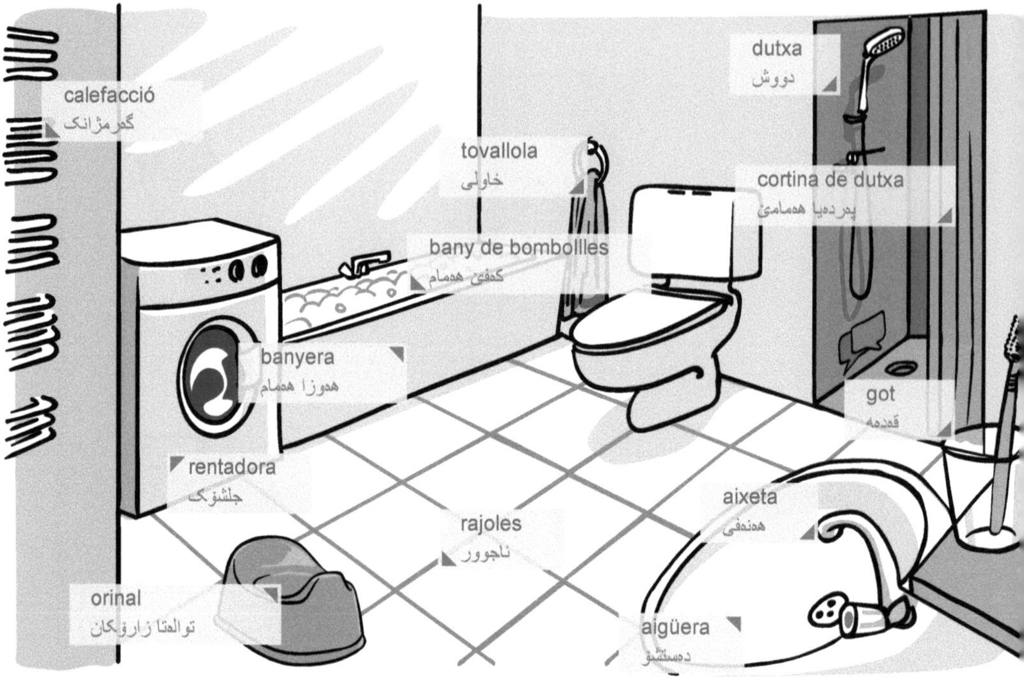

raspall de dents

....

فرچەیا دران

pasta de dents

....

مەجوونا دران

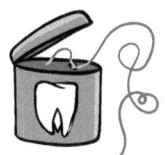

fil dental

....

نەخا ددان

rentar

....

شووشتن

pom de dutxa

....

دووشێ دەستێ

dutxa íntima

....

دووش

rentamans

....

دەستشۆ

raspall per a l'esquena

....

فرچا پشت

sabó

....

سابوون

gel de dutxa

....

جێلێ هەمام

xampú

....

شامپۆ

manyopla de bany

....

فانیلە

bonera

....

زێراب

crema

....

کرێم

desodorant

....

بێهن خوشکر

mirall

مرێک

mirall-espill de mà

مرێکا دەستێ

maquineta de rasar

گووزان

espuma de barbejar

کەفێ تەراشینێ

loció post-rasada

مەجوونا پشتی تەراشینێ

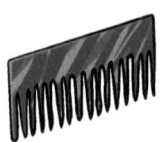

pinta

شەه

raspall

فرچە

eixugador

پۆر هیشککر

laca

سپرایا پۆرێ

maquillatge

کۆزمەتیک

pintallavis

سۆراڤک

esmalt d'ungles

رەنگێ نینۆک

cotó

پەمبوو

tallaungles

مەقەستا نینۆک

perfum

پارفووم

estoig de bellesa

چەوالێ هەمامێ

tamboret

کورسیا بێپشت

bàscula

تەرازی

barnús

کنجا هەمامێ

guants de goma

لەپکا لاستیکێ

compresa higiènica

تامپۆن

compresa

خاولیا پاقژکرنێ

sanitari químic

توالەتا کیمییەوی

cambra de nen

ئۆدەیا زارۆک

despertador
دەمژمێرک
animal de peluix
لیستۆک
auto de joguina
ماشینا لیستۆک
sonall
خشخشۆک
casa de nines
مالا لیستۆک
present
خەلات

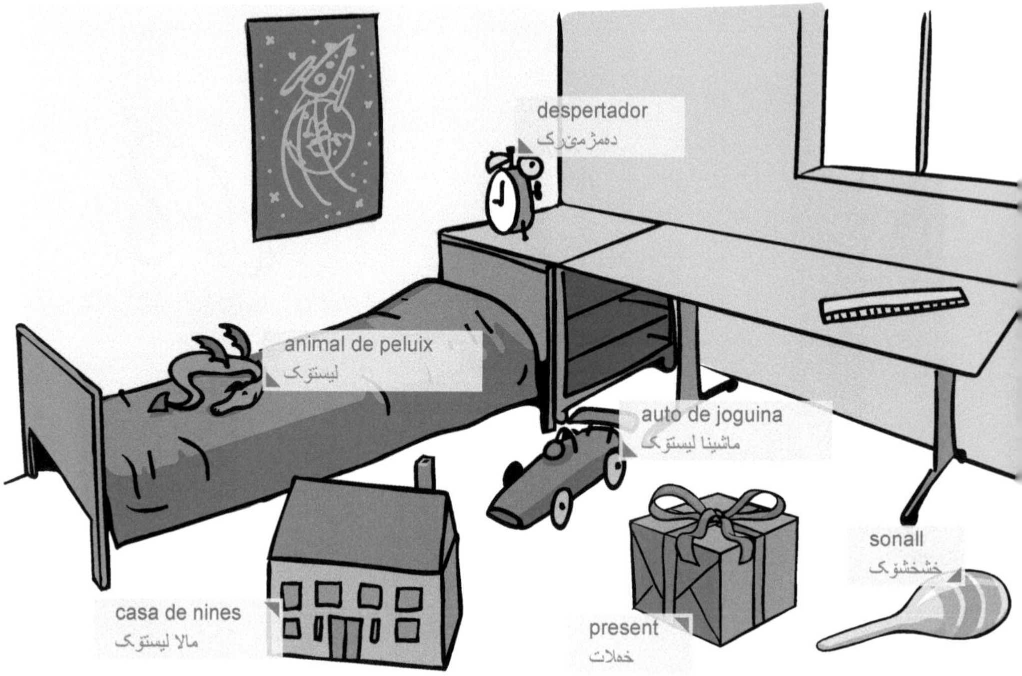

baló

پفدانک

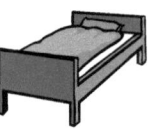

llit

نڤین

cotxet per a nens

کۆچک

joc de cartes

لیستکا کارتێ

trencaclosca

فریزبی

historieta

کۆمیک

peces de lego

ئاجوورا لێگۆ

peces de construcció

ئاجوورا لیستۆک

ninot d'acció

بووکە شووشە

granota

کنجا بەبکان

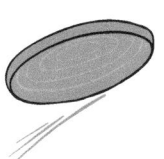

frisbee

فرزبێ

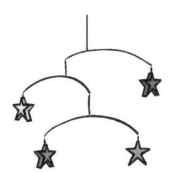

mòbil per a bressol

ڤەگو هەستن

joc de taula

لیستکێن تەختە

daus

مۆر

tren elèctric

مۆدێلا ترێنێ

xumet

مەمک

festa

جەژن

llibre de dibuixos

کتێبا وێنە

pilota

تۆپ

nina

بووکە شووشە

jugar

لەیستن

sorrera
....
کونا خیزێ

gronxador
....
جۆلانە

joguines
....
لیستۆکان

consola de jocs de vídeo
....
لیستکا ڤیدەۆیی

tricicle
....
سێچەرخە

osset de peluix
....
هرچا لیستۆک

armari
....
جلدانک

roba
کنج

mitjons
....
گۆرە

mitges
....
گۆرە

mitja pantaló
....
دەرپێگۆرێ

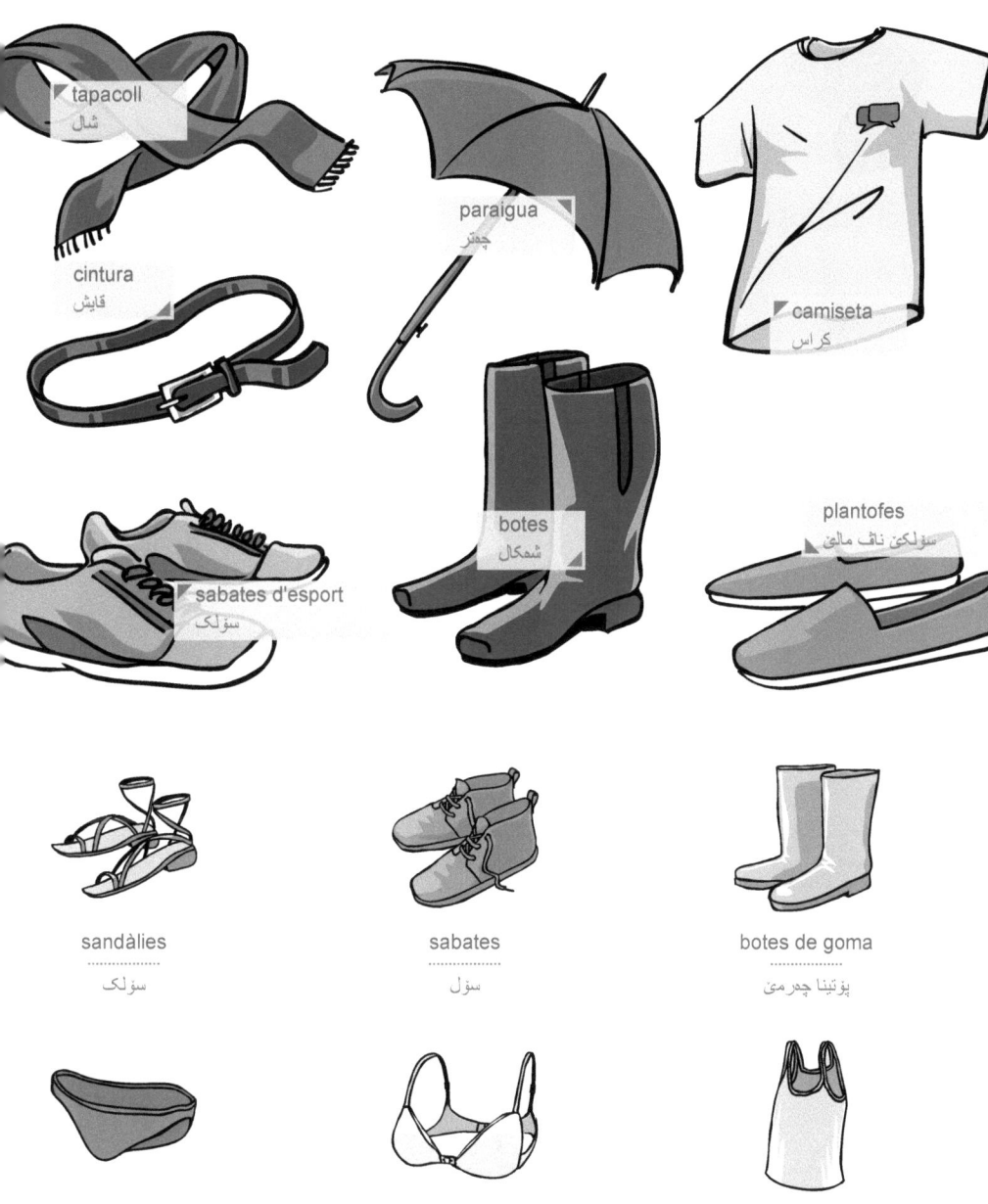

tapacoll
شال
paraigua
چەتر
cintura
قایش
camiseta
کراس
botes
plantofes

sandàlies

سۆلک

sabates

سۆل

botes de goma

پۆتینا چەرمێ

calçonets

پانتۆلێ ژێر

sostenidor

پێسیربەند

guardapits

چەکبەند

jjustacòs

جەندەک

pantalons

پانتۆل

jeans

ژەانس

faldeta

دامان

brusa

کراس

camisa

کراس

jersei

فانێلە

dessuadora

فانێلە

blazer

جاکێت

jaqueta

ساکۆ

mantell

چاکەت

impermeable

بارانی

vestit de dona

لەباس

vestit de dona

فیستان

vestit de núvia

جلێ داوەتێ

vestit d'home

چاکێت

camisa de dormir

پێجامە

pijama

پێجامە

sari

ساری

mocador de cap

لەچک

turbant

مێزەر

burca

هێرام

caftan

کافتان

abaia

ئەبا

vestit de bany

کنجا ئاژنێکرن

calçon(et)s de bany

جلکا مەلەڤانی

pantalons curts

شۆرت

xandall

جلا هێڤۆژکاری

davantal

پێشمال

guants

لەپک

botó

دووگمە

ulleres

بەرچاڤک

braçalet

بازن

collaret

گەردەنی

anell

گوستیل

orellera

گوهارک

casquet

دەڤک

penjador

هلاڤستەک

capell

کووم

corbata

کراوات

cremallera

زیپ

casc

سەرپارێز

elàstics

دەرزی

uniforme escolar

کنجا دبستانێ

uniforme

یوونیفۆرم

pitet

بەردلک

xumet

مەمک

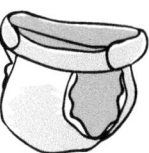

bolquer

پونداخ

oficina

ئۆفیس

servidor
پیشکەشکەر
armari arxivador
دۆلابێ بەلگە
impressora
چاپەر
paper
کاخەز
monitor
نیشاندەر
escriptori
ratolí
مشک
arxivador
دەفتەر
teclat
paperera
سەپەتا کاخەزێ
ordinador
کۆمپیوتەر
cadira
کورسی

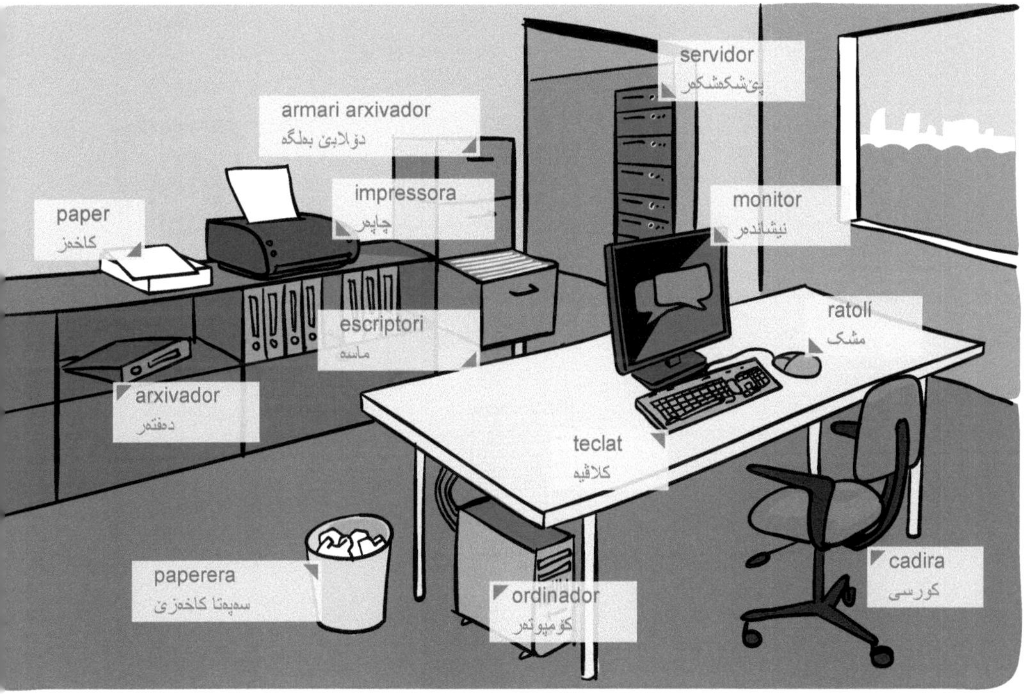

tassa de cafè

کاسکا قەهوە

calculadora

هەسابکەر

Internet

ئینتەرنەت

ordinador portàtil

....

کۆمپوتەرا لاپتۆپ

lletra

....

نامە

missatge

....

پەیام

mòbil

....

تەلەفۆنا مۆبیل

xarxa

....

تۆر

fotocopiadora

....

مەکینا فۆتۆکۆپی

programari

....

سۆفتوارە

telèfon

....

تەلەفۆن

presa de corrent

....

سۆجکەتا فیشەک

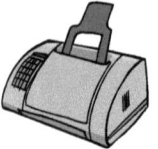

fax

....

مەکینا فاخێ

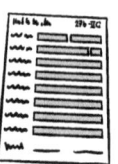

formulari

....

فۆرم

document

....

بەلگە

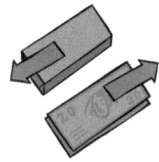

comprar

....

کرین

pagar

....

پەرە دان

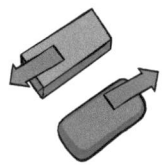

comerciar

....

بازرگانی

diners

....

پەرە

dòlar

....

دۆلار

euro

....

یۆرۆ

ien

....

یەنی ژاپۆنی

ruble

....

رۆبلی رووسی

franc suís

....

فرانکی سویسی

renminbi

....

یوانی چینی

rupia

....

رووپی هندی

caixa automàtica

....

مەکینا ژخوەبەرا دراڤ

oficina de canvi

ئۆفیسا پەرە ڤەگوهارتنێ

or

زێڕ

argent

زیڤ

petroli

نەفت

energia

وزە

preu

بها

contracte

پەیمان

impost

تاخ

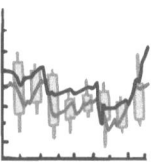

acció

سەهام

treballar

کارکرن

treballador

کارکەر

empresari

کاردا

fàbrica

فابریکا

botiga

دکان

oficis

oficial de policia
پۆلیس
bomber
ئاگرکوژ
cuiner
doctora
pilot
فرۆکەڤان

jardiner

باخچەڤان

fuster

نەجار

costurera

دروونڤان

jutge

هاکم

química

شیمیازان

actor

شانۆگەر

conductor d'autobús

....

شوفێری باسێ

taxista

....

شوفێرەکی تاکسیێ

pescador

....

ماسیڤان

dona de la neteja

....

پاگژکەر

ensostrador

....

چێکری بانی

cambrer

....

بەرکار

caçador

....

نێچرڤان

pintor

....

رەنگرێس

forner

....

نانپێژ

electricista

....

کارەباڤان

obrer de la construcció

....

ئاڤاکەر

enginyer

....

ئەندەزیار

carnisser

....

قەساب

llanterner

....

لوولەکار

correu

....

پۆستەڤان

soldat

ئەسکەر

arquitecte

میمار

caixera

دراڤگر

florista

فرۆتکارا چیچەکان

perruquer

پۆرچێکەر

revisor

ئاژۆڤان

mecànic

مەکانیک

capità

کەشتیڤان

dentista

پزیشکا ددانان

científic

زانستیار

rabí

رووهان

imam

ئیمام

monjo

کەشە

capellà

کەشیش

eines
ئامووران

martell
tenalles
مووچینگ
descaragolador
clau anglesa
llanterna
دارا چرا

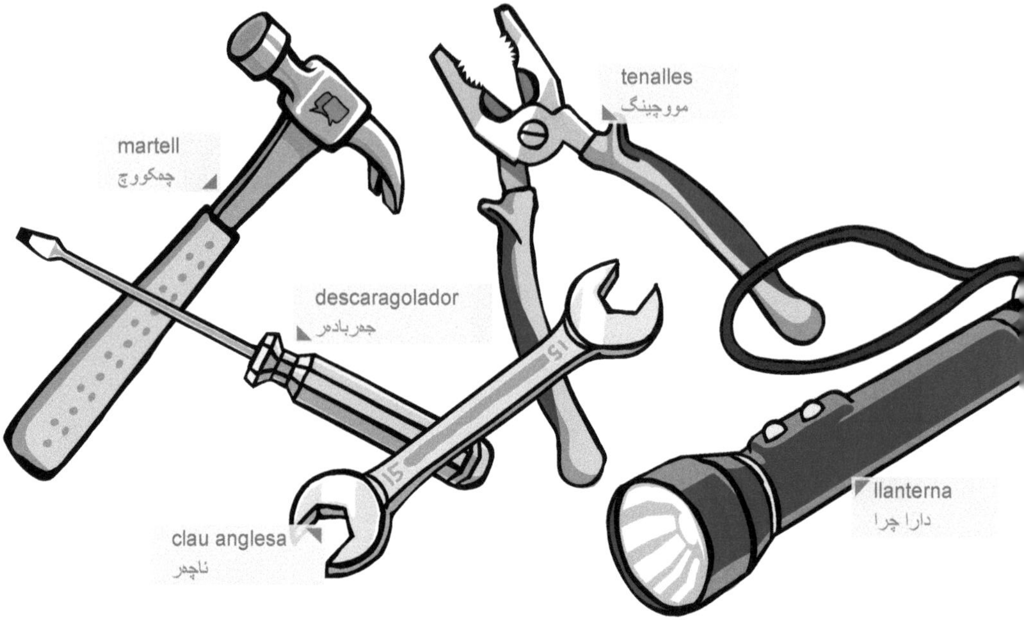

excavadora

شۆفەل

caixa d'eines

قووتیا ئاموو ران

escala

پەیژە

serra

مشار

claus

میخ

trepant

قولکرن

reparar

....

چێکرن

pala

....

مەربێر

Maleït siga!

....

نالەت!

pala

....

بێل

pot de pintura

....

قووتیا رەنگێ

caragols

....

جەر

instrument de música

ئامووریێن مووزیکێ

altaveu
بلیندگو
bateria
کۆمێ دەهۆل
contrabaix
جۆرەیا گیتار
trompeta
زرنا
guitarra
گیتار

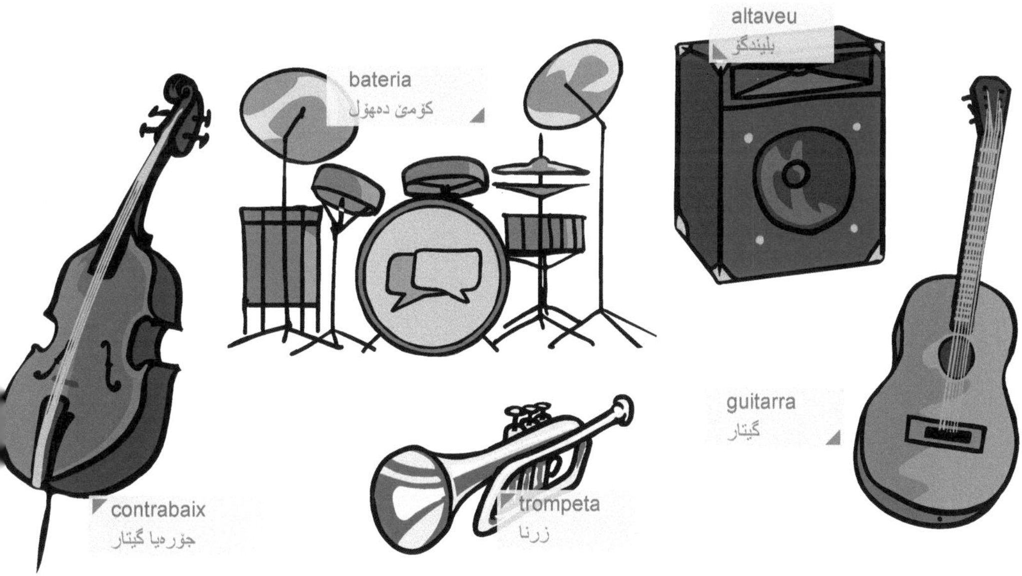

piano

پیانۆ

violí

ڤیۆلین

baix

باس

timbal

دەهۆل

tambor

داهۆل

teclat

کەیبۆارد

saxofon

ساکسۆفۆن

flauta

بلوور

micròfon

میکرۆفۆن

باخچا هەیوانان

tigre
پلنگ
entrada
gàbia
قەفەس
zebra
aliment per a animals
خوارنا هەیوان
ós panda
پاندا

animals
هەیوان

elefant
فیل

cangurú
کانگاروو

rinoceront
کەرکەدەن

goril·la
گۆریل

ós
هرچ

camell

هێشتر

estruç

هێشترمه

lleó

شێر

simi

مەیموون

flamenc

فلامینگۆ

papagai

پاپاخان

ós polar

هرچا جەمسەری

pingüí

پەنگوین

ca mari

سەماسی

paó

تاووس

serp

مار

cocodril

تمساه

guardià del zoo

پارێزەرا باخچا ئاژالان

foca

سەیا دەریا

jaguar

پلنگ

poni

همسپ

lleopard

پلنگ

hipopòtam

همسپی رووبار

girafa

جانهیٔشتر

àliga

هەلۆ

senglar

بەرازیٔ کۆڤی

peix

ماسی

tortuga

کووسی

morsa

والراس

guineu

رۆڤی

gasela

خەزال

esports

وەرزش

futbol americà
فووتبۆلی ئامەریکا
ciclisme
بسکلیتان
tenis
تەنیس
bàsquet
باسکیتبۆل
natació
boxa
بۆخنگ
hoquei sobre gel
هۆکەیا سەر جەمەدێ

futbol americà

فووتبۆل

bàdminton

بادمنتۆن

atletisme

یێ ئاتلەتیزمێ

handbol

هەندبۆل

esquí

بەفراژۆتن

polo

پۆلۆ

riure
کەنین
saltar
هلپەکە
abraçar
هەمبێز
anar
cantar
لاوژە گوتن
somiar
خەون دیتن
pregar
fer un petó
ماچکرن

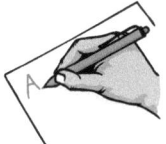

escriure

نڤیساندن

dibuixar

نیگار کێشان

mostrar

نیشان دان

pitjar

پالدان

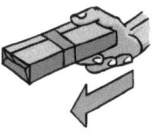

donar

داییین

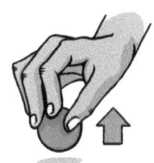

prendre

راکرن

tenir

هەبین

fer

کرن

ésser

بوون

estar dret

سەکنین

córrer

بازدان

estirar

کشاندن

llançar

ئاڤێتن

caure

کەتن

jeure

دەرەو کرن

esperar

سەکنین

portar

گوهێزتن

asseure's

روونشتن

vestir-se

جل بەرکرن

dormir

رازان

despertar-se

رابوون

mirar

مێزه کرن

plorar

گرین

amoixar

جەلتە

pentinar

شه کرن

parlar

پەیڤین

comprendre

فامکرن

demanar

پرسکرن

escoltar

بهیستن

beure

ڤەخوارن

menjar

خوارن

endreçar

کۆم کرن

estimar

هەزکرن

cuinar

خوارن چێکرن

conduir

ئاژۆتن

volar

فڕین

navegar

کەشتیڤانی

calcular

هەسباندن

llegir

خواندن

aprendre

هینبوون

treballar

کارکرن

casar-se

زەوجین

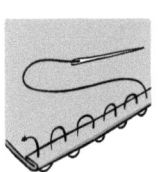

cosir

درووتن

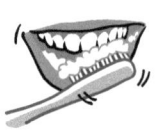

raspallar-se les dents

ددان شووتن

matar

کوشتن

fumar

دووخان

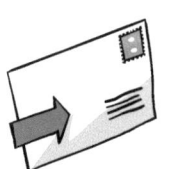

enviar

شاندن

àvia
داپیر
avi
باپیر
pare
mare
nadó
filla
fill
کور

convidat

مێڤان

tia

مەت

oncle

ئاپ/خال

germà

برا

germana

خوشک

cos

بەدەن

front
ئەنی
ull
espatlla
مل
dit
تلی
cara
barbeta
mà
دەست
pit
cama
لنگ
braç
پیل

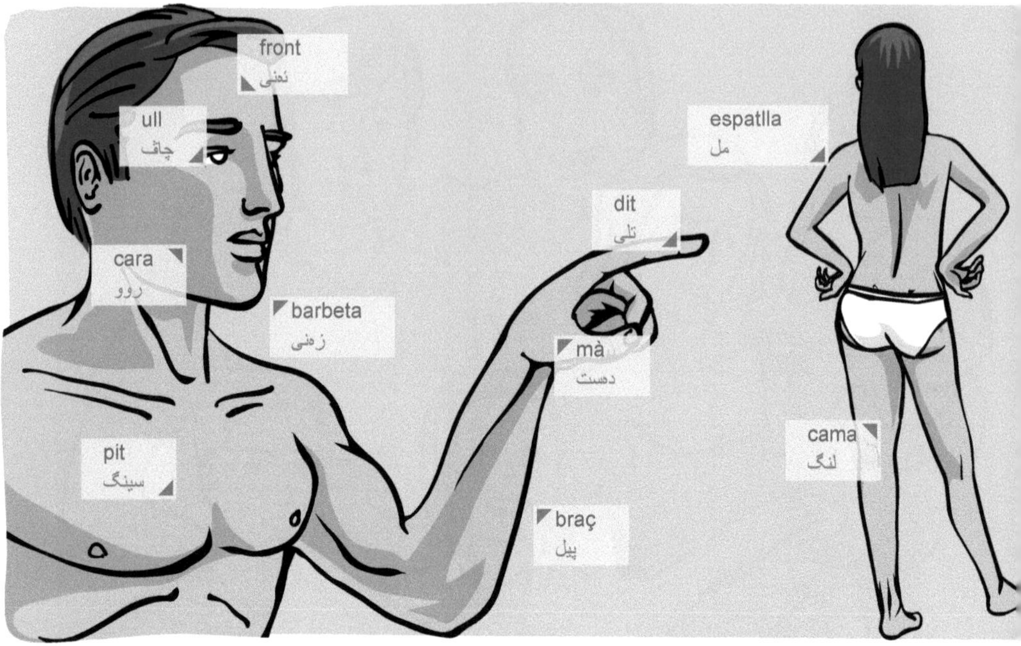

nadó

بەبەک

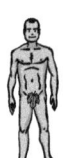

home

مێر

dona

ژن

noia

کچ

noi

کوڕ

cap

سەر

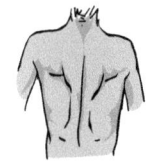

esquena
پشت

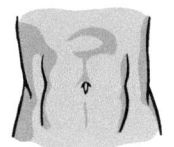

panxa
زک

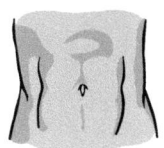

melic
ناڤک

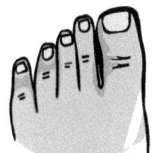

dit gros del peu
تلییا پێ

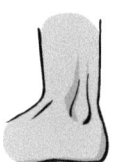

taló
پانی

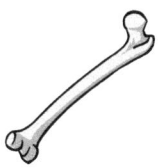

os
هەستی

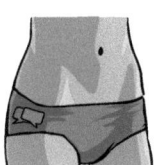

maluc
کوولیمەک

genoll
ژوونی

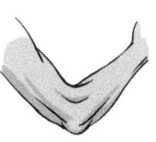

colze
ئەنیشک

nas
دفن

cul
قوون

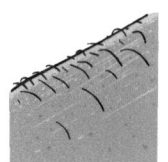

pell
چەرم

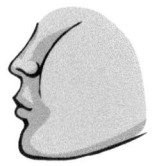

galta
روو

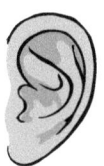

orella
گووه

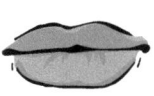

llavi
لێڤ

boca

دەڤ

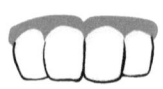

dent

دران

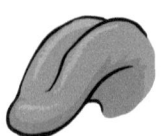

llengua

زمان

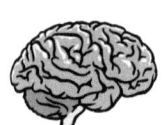

cervell

مێژی

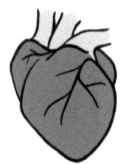

cor

دل

múscul

ماسوول

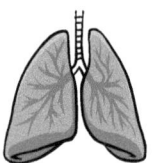

pulmó

جیگەرا سپی

fetge

جەگەر

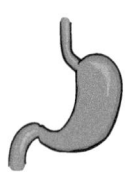

estómac

مادە

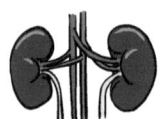

ronyó

گوورچکان

relació sexual

جۆتبوون

preservatiu

کۆندۆم

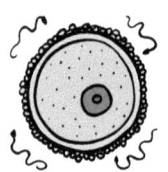

ovari

هێک

semen

تۆڤ

prenyat

دووجانی

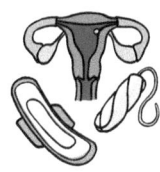

menstruació

....

ئادە

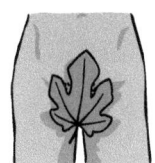

vagina

....

قووز

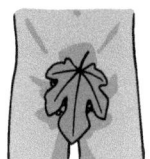

penis

....

کیر

cella

....

بروو

cabells

....

پۆر

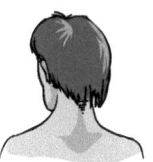

coll

....

هووستوو

hospital
نەخوەشخانە

hospital
نەخوەشخانە
ambulància
ئەرەبا نەخوەشان
cadira de rodes
fractura
شکەستە

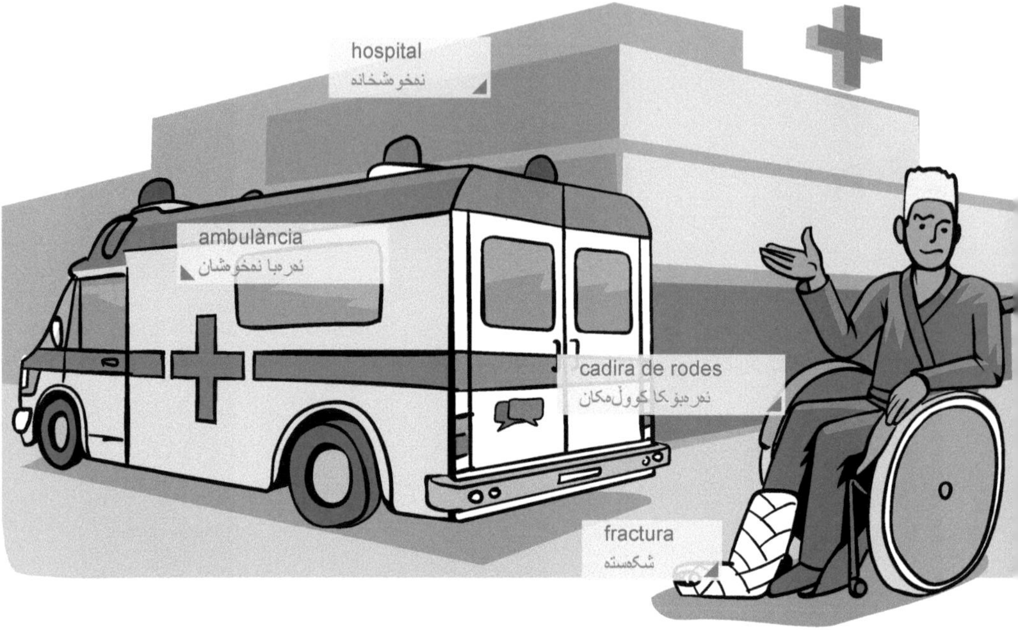

doctora

بژیشک

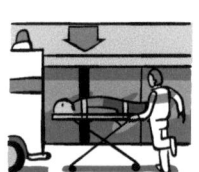

sala d'urgències

ئۆدا لەزگینێ

infermera

نەخوەشیار

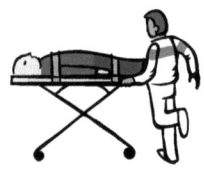

urgència

ئاجیلییەت

inconscient

بێهای

dolor

ئێش

hospital - نەخوەشخانە

ferida

برین

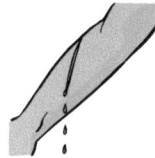

sagnament

خوینپژان

atac de cor

هێرشا دلی

apoplexia

جەلتە

al·lèrgia

ئالەرژی

tos

کوخک

febre

تا

gripa

زکام

diarrea

ناڤچووین

mal de cap

سەرێش

càncer

قانسێر

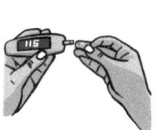

diabetis

نەخوەشیا شەکرێ

cirurgià

ئەمەلیکار

escalpel

سکالپێل

operació

ئەمەلی

tomografia computada (TC),
TAC

جت

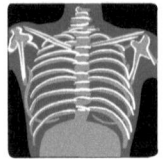

raigs x

سوورەتی رۆنتگێن

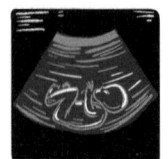

ultrasò

ئوولتراساوند

mascareta

ماسکی روویی

malaltia

نەخوەشی

sala d'espera

ئۆدا سەکنینێ

crossa

گۆچان

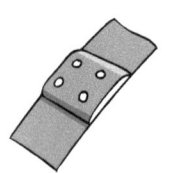

tireta

شێل

embenat

پاچێ برینپێچانێ

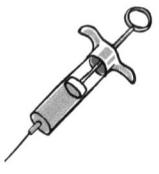

injecció

دەرزی

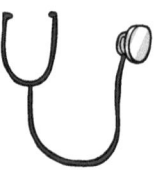

estetoscopi

بیستۆکا پزیشکی

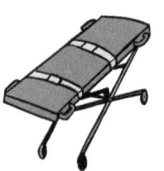

llitera

داربەست

termòmetre clínic

تێهنپیڤا کلینیکێ

pariment

زابین

sobrepès

قەلەو

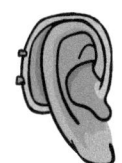

aparell auditiu

ئالیکاریا بهیستنێ

desinfectant

باکتەریکوژ

infecció

کۆتیبوون

virus

ڤیرووس

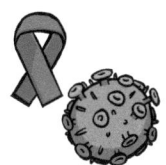

VIH / SIDA

هڤ / ئادس

medicina

دەرمان

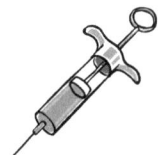

vaccí

کوتان

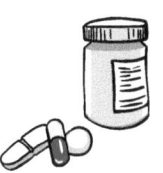

comprimits

هەبان

píl·lola

هەب

trucada d'urgència

لەزگین

tensiòmetre

دیمەندەرێ پەستۆ خوین

malalt / sà

نەخوەش / ساخ

urgència

ئاجلییەت

Socors!

هەوار!

alarma

ئالارم

assalt

ئێریش

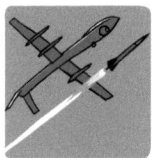

atac

ئێریشکرن

perill

تالووک

sortida-eixida d'urgència

دەرکەتنا ئاجل

Foc!

ئاگر!

extintor

ئاگر ڤەمراندنێ

accident

قەزا

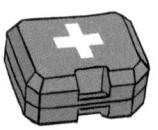

farmaciola de primers auxilis

ئالەتێن ئالیکاریا یەکەم

SOS

سۆس

policia

پۆلیس

Europa

ئەورۆپا

Amèrica del Nord

ئامەریکایا باکوور

Amèrica del Sud

ئامەریکایا باشوور

Àfrica

ئافریکا

Àsia

ئاسیا

Austràlia

ئاوسترالیا

Atlàntic

ئاتلانتیک

Pacífic

ئۆکیانووسا مەزن

Oceà Índic

ئۆکیانووسا هندی

Oceà Antàrtic

ئۆکیانووسا ئانتارکتیکا

Oceà Àrtic

ئۆکیانووسا ئارکتیک

pol nord

جەمسەرا باکوور

pol sud

....

جەمسەرا باشوور

Antàrtida

....

ئانتارکتیکا

terra

....

ئەرد

país

....

ئاخ

mar

....

بەهر

illa

....

دوورگە

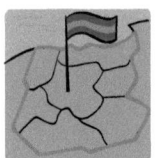

nació

....

مڵلەت

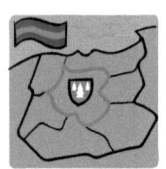

estat

....

وەلات

rellotge
ساعەت

quadrant
روویێ ساعەت

agulla de les hores
نشاندەرکا دەمژمێر

agulla dels minuts
نشاندەرکا دەقە

agulla dels segons
نشاندەرکا سانیە

Quina hora és?
سێت چەندە؟

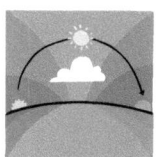

dia
ڕۆژ

temps
دەم

ara
نها

rellotge digital
ساعەتێ دجیتال

minut
دەقە

hora
سێت

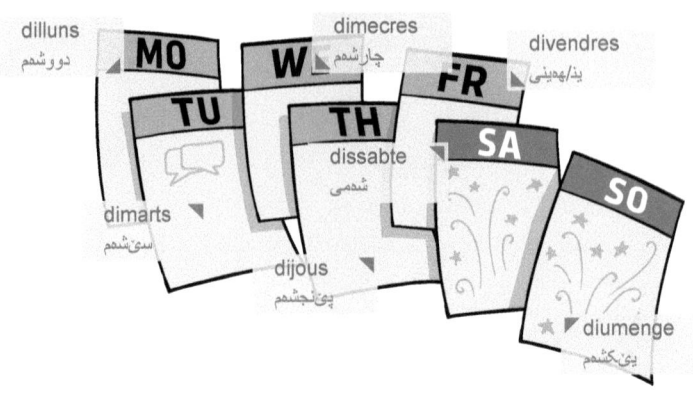

setmana

هەفتە

dilluns
دووشەم
MO
dimarts
سێشەم
TU
dimecres
چارشەم
W
dijous
پێنجشەم
TH
divendres
FR
dissabte
شەمی
SA
diumenge
یێکشەم

2
1

ahir

دوه

2

avui

ئیرۆ

3

demà

سبەی

matí

سبه

migdia

نیڤرۆ

tarda

ئێڤار

MO TU WE TH FR SA SU
1 2 3 4 5 6 7
8 9 10 11 12 13 14
15 16 17 18 19 20 21
22 23 24 25 26 27 28
29 30 31 1 2 3 4

dia feiner

رۆژێن کاری

MO TU WE TH FR SA SU
1 2 3 4 5 6 7
8 9 10 11 12 13 14
15 16 17 18 19 20 21
22 23 24 25 26 27 28
29 30 31 1 2 3 4

cap de setmana

داویا هەفتە

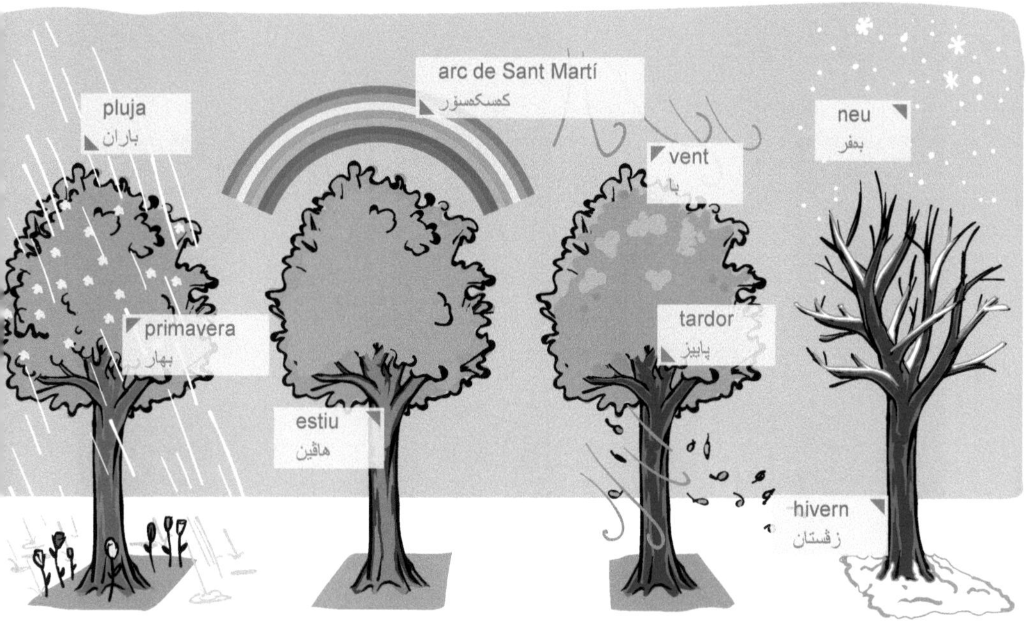

pluja
باران

arc de Sant Martí
كەسكەسۆر

neu
بەفر

vent
با

primavera
بهار

tardor
پاییز

estiu
هاوین

hivern
زڤستان

pronòstic del temps

پێشبینیا هەوا

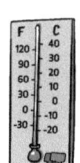

termòmetre

تەدهنیێڤ

llum del sol

تاڤ

núvol

هەور

boira

مژ

humiditat de l'aire

هێمی

llamp

برق

tro

برووسک

tempesta

تۆفان

calamarsa

تەرگ

monsó

مانسوون

inundació

لەهی

gel

جەمەد

gener

ڕێبەندان

febrer

ڕەشەمە

març

نەورۆز

abril

گوڵان

maig

جۆزەردان

juny

پووشپەڕ

juliol

گەلاوێژ

agost

خەرمانان

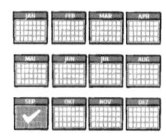

setembre

رەزبەر

octubre

کەوچێر

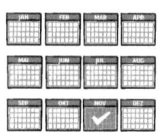

novembre

سەرماوەز

desembre

بەفرانبار

formes

شێوە

cercle

چەمبەر

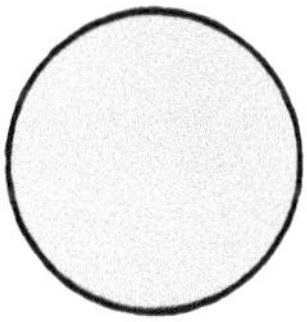

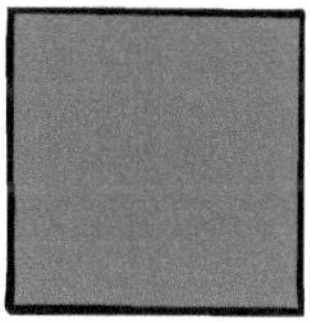

quadrat

چارچک

rectangle

چارقۆزی

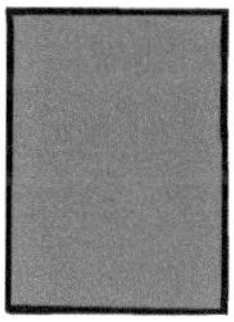

triangle

سێقۆزی

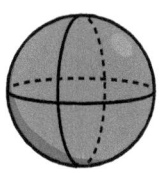

esfera

قادا

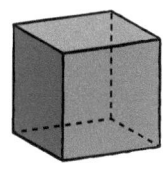

cub

خشتەک

colors

رەنگان

blanc

سپی

groc

زەر

taronja

پرتەقالی

rosa

پەمبە

vermell

سۆر

lila

مۆر

blau

شین

verd

کەسک

marró

قەهوەیی

gris

گەور

negre

رەش

oposats

بەرامبەران

molt / poc

زۆر / کەم

emprenyat / tranquil

ب هێرس / بێدەنگ

bonic / lleig

بەدەو / نەرند

començament / fi

دەستپێک / داوی

gran / petit

مەزن / بچووک

clar / fosc

رۆنی / تاری

germà / germana

براک / خوشک

net / brut

پاگژ / گرێژ

complet / incomplet

تەڤی / نەتەمام

dia / nit

رۆژ / شەف

mort / viu

مری / زندی

ample / estret

فرە / تەنگ

comestible / immenjable

خوەش / نەخوەش

dolent / amable

نەباش / باش

entusiasmat / entediat

ب هەیەجان / ناجز

gros / prim

قەلەو / زراڤ

primer / darrer

یەکەمین / داوین

amic / enemic

هەڤال / دژمن

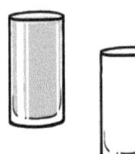

ple / buit

تژی / ڤالا

dur / tou

رەق / نەرم

pesant / lleuger

گران / سڤک

gana / set

برچی / تینی

malalt / sà

نەخوەش / ساخ

il·legal / legal

نەقانوونی / قانوونی

intel·ligent / ximple

رەوشەنبیر / بالوولە

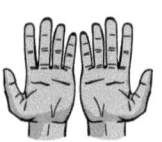

esquerra / dreta

چەپ / راست

prop / llunyà

نێزی / دوور

nou / usat

نوو / بکارهاتی

res / quelcom

هیچ / تشتەک

vell / jove

کال / جوان

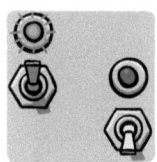

encès / apagat

ل / ژ

obert / tancat

ڤەکری / گرتی

silenciós / sorollós

ئارام / دەنگبلند

ric / pobre

دەولەمەند / رەبەن

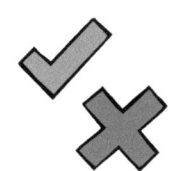

correcte / incorrecte

راست / شاش

aspre / suau

دڕ / هلوو

trist / content

خەمگین / شا

curt / llarg

کورت / درێژ

lent / ràpid

هێدی / زوو

humit / sec - eixut

شل / زوا

calent / fred

گەرم / هێنک

guerra / pau

شەڕ / ئاشتی

nombres
هەژماران

0 zero سفر	1 u یەک	2 dos دوو
3 tres سێ	4 quatre چار	5 cinc پێنج
6 sis شەش	7 set هەفت	8 vuit هەشت
9 nou نەه	10 deu دەه	11 onze یازدە

12

dotze

دازده

13

tretze

سێزده

14

catorze

چارده

15

quinze

پازده

16

setze

شازده

17

disset

حه‌فده

18

divuit

هه‌ژده

19

dinou

نۆزده‌ه

20

vint

بیست

100

cent

سه‌د

1.000

mil

هه‌زار

1.000.000

milió

ملیۆن

llengües
زمانان

anglès

ئینگلیزی

anglès americà

ئنگلیزیا ئامەریکی

xinès mandarí

چینی ماندارین

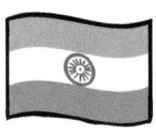

hindi

هێندی

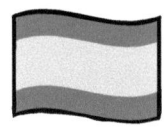

espanyol

ئیسپانیۆلی

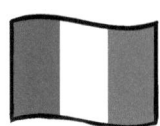

francès

فرەنسی

àrab

ئەرەبی

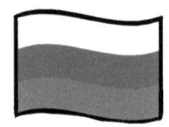

rus

رووسی

portuguès

پۆرتوگالی

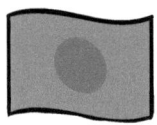

bengalí

بەنگالی

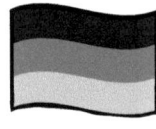

alemany

ئەلمانی

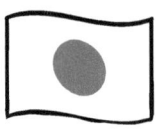

japonès

ژاپۆنی

qui / què / com
کی / چ / چاوا

jo
....
من

tu
....
تو

ell / ella / allò
....
ئەو / ئەڤ / ئەو

nosaltres
....
ئەم

vosaltres
....
تو

ells
....
ئەو

qui?
....
کی؟

què?
....
چ؟

com?
....
چاوا؟

on?
....
کیدەرێ؟

quan?
....
کەنگی؟

nom
....
ناڤ

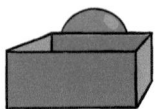

on

کوو

darrere

پشتی

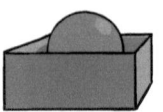

en

davant de

پێشی

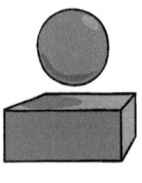

damunt

سەر

sobre

سەر

sota

بن

al costat

کێلەک

entre

ناڤبەر

lloc

جە